Kreativ mit Kreidemarkern

Wunderschöne Weihnachtsmotive

selbst gestalten

Kreativ mit Kreidemarkern

Kreative Motive bringen Abwechselung in die vier Wände. Fensterbilder mit Kreidemarker sind eine günstige Alternative zu anderen Deko-Artikeln. Wer den Spaß am Selbermachen erst einmal entdeckt hat, wird sich nicht mehr davon losreißen können. Mit inspirierenden Ideen können Sie Ihre Fenster jeden Tag neugestalten. Sie werden sehen, wie viel Spaß es macht. Das Malen regt die Fantasie von Kindern an und hilft, ihre motorischen Fähigkeiten zu schulen. Eine großartige Beschäftigung für Groß und Klein, um die Feiertage willkommen zu heißen.

Selbst schwer zugängliche Bereiche oder sehr große Fensterflächen lassen sich auf diese Weise individuell gestalten - passend zu allen Anlässen. Unsere Ideen verbreiten bereits beim Auftragen der Kreide sinnliche Weihnachtsstimmung. Hinterlassen Sie Festtagsgrüße oder Botschaften auf dem Glas und machen Sie auf sich aufmerksam.

Genauso schnell wie sich die Bilder auf Ihre Fenster zaubern lassen, so rasch können sie auch wieder entfernt werden. Hierzu wischen Sie die Kreide einfach mit einem feuchten Tuch wieder ab – fertig! So ist Ihr Fenster im Handumdrehen wieder bereit für den nächsten Kreativitätsschub.

So funktoiniert´s

Um mit dem Malen von Fensterbildern loszulegen, brauchen Sie nicht viel. Kreidemarker, ein Tuch zum Abwischen, etwas Wasser oder Glasreiniger – und natürlich passende Motive! Lassen Sie sich von den Vorschlägen in unserem Buch inspirieren. Sie können diese übernehmen oder durch Ihre eigenen Ideen ergänzen.

Legen Sie sich Kreidemarker und die Vorlagen aus dem Buch bereit. Reinigen Sie gründlich das Fenster, bevor Sie sich kreativ entfalten. Achten Sie auf einen trockenen Untergrund, damit die Kreide nicht verläuft. Wenn Sie Rechtshänder sind, beginnen Sie oben links zu malen. Linkshänder starten am besten oben rechts. Kreidemarker haben den Vorteil, dass sich Fenster damit nach Belieben verschönern lassen. Zudem sind sie leicht abwaschbar.

Das großartige am Malen mit Kreidemarkern ist, dass es sehr einfach geht und auch Anfängern eine Menge Spaß bereitet. Doch auch Fortgeschrittene und Profis langweilen sich nicht so schnell. Wer es ein wenig origineller mag, für den lohnt sich ein Blick in das Archiv, das unter dem unten stehenden Download-Link zur Verfügung steht. Dort können Sie alle Vorlagen bequem herunterladen. So lassen sich die Motive bei Bedarf vergrößern und kombinieren. Auf diese Weise erhalten Sie mit wenigen Klicks ein neues und einzigartiges Fensterbild! Außerdem lassen sich damit auch große Fensterflächen vollständig verzieren.

Erschaffen Sie Ihr eigenes Wunderland auf dem Glas oder schaffen Sie mit eindrucksvollem Lettering einen Blickfang. Kreidemarker eignen sich für Fenster jeder Größe und Form, sodass der gestalterischen Freiheit nichts im Wege steht. Sie sind gleichermaßen für den Privatgebrauch wie für den professionellen Einsatz vorgesehen. Kunstvoll verzierte Schaufenster ziehen Gäste an. Unsere Motive lassen sich mit allen möglichen weiteren Effekten verbinden. Versuchen Sie zum Beispiel, Ihren Fensterbildern mit Sprühschnee besondere Akzente zu verleihen.

Mit diesem Buch erhalten Sie nicht nur kreativitätsfördernde Bildideen, sondern auch hilfreiche Tipps und Hinweise, wie Sie Ihre Fenster zu wahren Kunstwerken machen können.

Wir wünschen Ihnen viel Freude beim Malen und eine besinnliche Weihnachtszeit!

Unter diesem Link können Sie alle Motive herunterladen:

https://drive.google.com/drive/folders/

1PZEng0xPjoaf79NbDJ1qWkgCQ7xf1GdL?usp=sharing

Alternativ können Sie auch einfach diesen QR Code scannen, um zu den Dateien zu gelangen:

MERRY
CHRISTMAS

CHRISTMAS CHEER

Merry Christmas

HAPPY
HOLIDAYS

HAVE A

Holly Jolly

CHRISTMAS

CHRISTMAS
IS
Coming

X-MAS

JINGLE
ALL THE
way

Be
Merry
and
bright

CHRISTMAS

Joy
peace
bright
Cheers
Merry
Christmas

JINGLE
ALL THE
way

It's

X-MAS

TIME

Impressum

Johanna Behrens wird vertreten durch:

Daniel Völz
Tamar Mepe Straße 14
0112 Tiflis, Georgien
E-Mail: hello@daniel-voelz.com

Covergestaltung und -konzept: Wolkenart
Marie-Katharina Becker, www.wolkenart.com

Verantwortlich für den Druck:
Amazon Distribution GmbH, Leipzig

Printed in Poland
by Amazon Fulfillment
Poland Sp. z o.o., Wrocław

64820686R00054